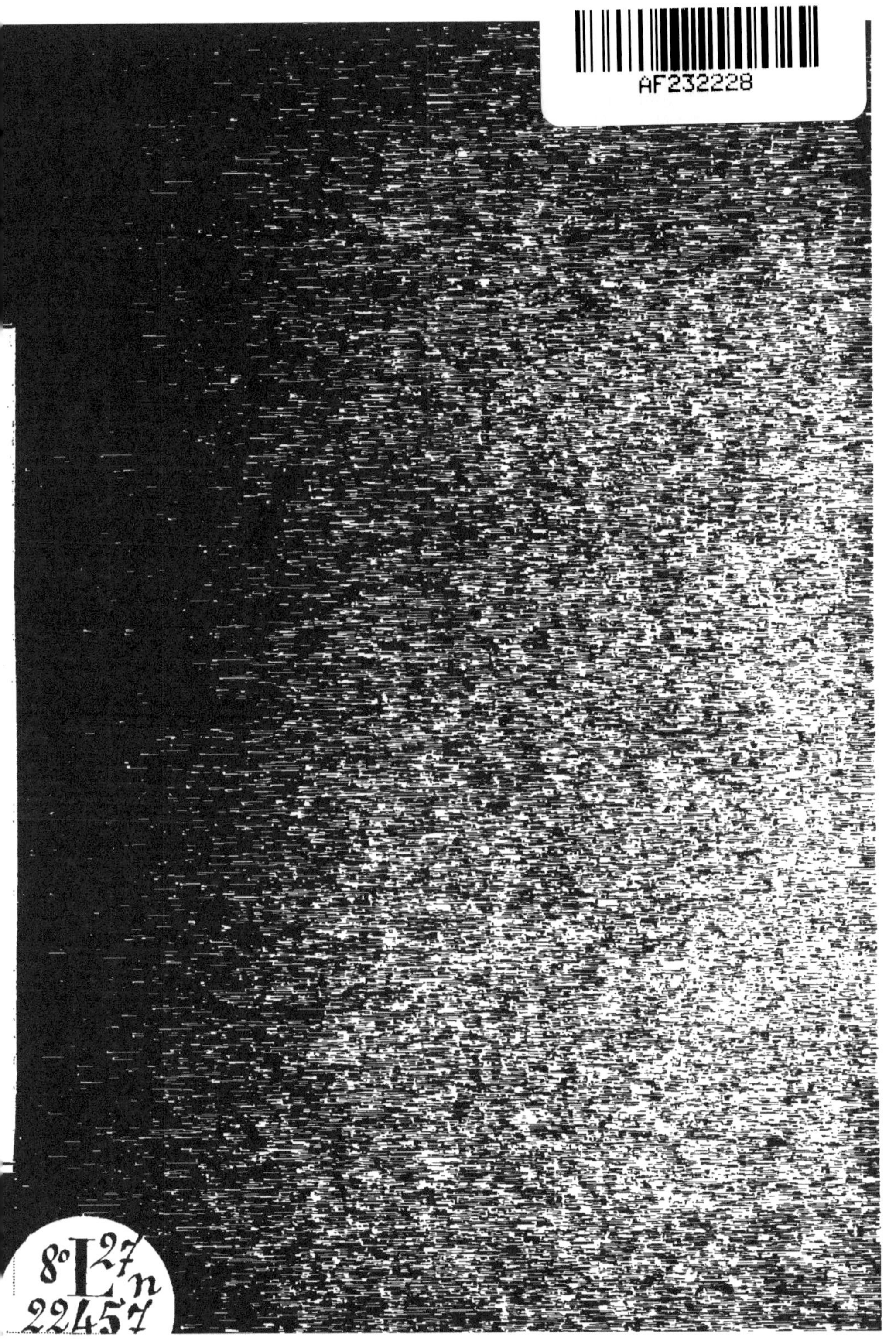
AF232228

# A LA MÉMOIRE

DE

# CHARLES AUGUSTE SIEGFRIED.

---

# DISCOURS

PRONONCÉS LORS DE SON ENTERREMENT

LE 14 NOVEMBRE 1865.

STRASBOURG,

IMPRIMERIE DE FRÉDÉRIC-CHARLES HEITZ,

RUE DE L'OUTRE, 5.

1865.

# A LA MÉMOIRE

## DE

# CHARLES AUGUSTE SIEGFRIED.

# DISCOURS

## PRONONCÉS LORS DE SON ENTERREMENT

## LE 14 NOVEMBRE 1865.

STRASBOURG,

IMPRIMERIE DE FRÉDÉRIC-CHARLES HEITZ,

RUE DE L'OUTRE, 5.

1865.

Né le 10 août 1829.
Mort le 12 novembre 1865.

# DISCOURS

DE

## M. LE PASTEUR LEBLOIS

PRONONCÉ DANS L'ÉGLISE DU TEMPLE-NEUF.

---

Mes frères!

Nous sommes encore tous ensemble sous l'impression
de la terrible nouvelle qui a jeté dans la consternation la
famille de notre digne ami. Une telle épreuve qui vient,
après tant d'autres, tomber coup sur coup sur la même
famille, pourrait faire douter de la Providence, si l'effet
douloureux qu'elle produit, n'était contrebalancé par la
conviction que ce monde n'est pas notre demeure unique
et définitive, que la vie terrestre n'est qu'un anneau de
la chaîne sans fin de notre existence, que mourir enfin
n'est autre chose que renaître à une vie nouvelle!

Vénérable père du défunt, vous qui ne pensiez pas, il
y a huit jours, avoir à remplir le triste devoir d'accompagner aujourd'hui, dans cette enceinte, le cercueil de votre
cher et unique fils; vous, ses frères par alliance et ses
parents qui lui étiez attachés par les liens de l'affection la
plus profonde; et vous surtout, sa mère et son épouse dé-
solées, que la douleur a retenues dans la maison de deuil,
croyez que tous nous compatissons de cœur avec vous,

et que l'affliction que nous éprouvons nous-mêmes nous permet de mesurer et de comprendre toute l'étendue de celle que vous devez ressentir.

Notre excellent Charles Siegfried nous était cher à cause de cet ensemble de précieuses qualités qui ne se trouvent réunies que rarement à un tel degré, chez un même homme. Dans les relations domestiques et sociales, partout il a su se faire estimer et aimer. Ses qualités privées avaient fait de lui l'idole de sa famille. Fils exemplaire, époux tendrement attaché à son épouse, il a été aussi un père plein de sollicitude pour ses trois enfants.

Quel cœur, quelle complaisance, quel dévouement il montrait aux siens, à ses amis, à des étrangers même, dans ces moments cruels surtout, où un cas de mort voilait les esprits, obscurcissait les pensées, et rendait si utile et si précieux le concours d'un homme calme, réfléchi et de bon conseil. Comme il savait se multiplier alors, comme il savait déployer son activité et payer de sa personne! Et il trouvait cela tout naturel, il s'étonnait qu'on le remerciât! Sa modestie égalait sa bonté.

Qu'il me soit permis ici d'offrir à sa mémoire l'hommage public de ma propre gratitude! Jamais je n'oublierai le généreux empressement qu'il a mis à m'être utile, et les services fraternels qu'il m'a spontanément rendus, après l'épreuve amère par laquelle j'ai dû passer moi-même cette année.

Quels sont ceux qui l'ont approché et qui n'aient eu à se louer de son commerce et de ses procédés? Il était présent partout où l'on avait besoin d'un homme actif et de bonne volonté.

Qui n'a admiré l'intelligence, la présence d'esprit, l'ab-
négation qu'il a montrées à l'occasion de la fête récente
du Gymnase (dont le jour coïncidait avec le 36<sup>me</sup> anniver-
saire de sa propre naissance), où il s'est chargé presque
seul d'une immense tâche, qu'il a su remplir à la satisfac-
tion universelle?

Rappellerai-je ses qualités comme négociant, cet en-
tendement avec lequel il a su diriger et agrandir la maison fondée par son père, cette loyauté dans les affaires qui
lui attirait la confiance, bien plus, l'affection de ses clients?

Et cependant, mes frères, toutes ces occasions de dé-
penser sa vie intellectuelle ne l'ont pas absorbée tout entière. Au milieu des soins et des travaux qu'exigeaient les
intérêts matériels, il n'a pas oublié les intérêts supérieurs,
les intérêts éternels. Élevé par un père qui semblait avoir
pris pour devise: «L'homme ne vit pas de pain seulement,
mais aussi de lumière et de vérité!», qui de bonne heure,
lui avait montré comment on peut allier au soin des affaires qui ne concernent que la vie du corps, la préoccu-
pation des questions élevées qui concernent la vie de
l'âme, la vie religieuse, — il n'est pas resté spectateur
inactif des grandes luttes dont notre Église est le théâtre
depuis un certain nombre d'années. Il n'a pas prétexté le
nombre croissant de ses affaires, pour négliger ces impor-
tants débats.

Il a compris que la question religieuse était la question
vitale; que la religion seule est le vrai, le solide fondement du bonheur et de la prospérité des familles, comme
elle est le fondement du bonheur et de la prospérité des
peuples. Ce qu'un ancien déjà disait : «Celui-là est cou-

pable, qui dans les luttes où les intérêts de la patrie sont en jeu, a le triste courage de se tenir à l'écart,» — cette parole, notre ami semblait l'avoir inscrite au fond de son cœur, en l'appliquant non seulement aux intérêts de la patrie, mais à ceux, plus élevés encore, du genre humain. Il ne s'est pas tenu à l'écart, lui. Il ne s'est pas rendu coupable de ce péché contre l'humanité, dont tant d'autres se font un titre de gloire. Il a pris son rang parmi les combattants. Et de quel côté s'est-il rangé?

On voit, depuis un certain temps, se manifester au sein de toutes les Églises, de toutes les sociétés religieuses, non seulement dans notre Église protestante, mais aussi dans l'Église romaine, dans la Synagogue et jusque parmi les sectateurs de Mahomet, une grande division. Tous ces cultes, toutes ces Églises se partagent de plus en plus en deux camps très-inégaux en nombre, mais très-décidés chacun à maintenir et à défendre sa bannière respective.

Quels sont les caractères distinctifs de ceux qui se rangent dans l'un ou dans l'autre camp?

Les uns pénétrés d'admiration, de vénération même pour tout ce que le passé a produit de beau, de noble et de grand, veulent qu'on reste attaché au passé. Ils y voient une révélation de Dieu, accomplie, parfaite et par conséquent digne d'être conservée et respectée à jamais. L'idée seule de l'améliorer leur paraît une impiété. Y ajouter, en retrancher, en modifier quoi que ce soit, est à leurs yeux un sacrilége. On pourrait les désigner sous le nom de *conservateurs*.

Les autres envisagent les choses sous un tout autre point de vue. Ils ont, soit par instinct, soit par réflexion, une idée bien différente et, j'ose l'affirmer, bien supérieure de Dieu. Ils voient réellement en Dieu l'Esprit infini. Je dis : *réellement*, car si tout le monde confesse de bouche que Dieu est infini, cette qualité, pour beaucoup, n'est qu'un nom, qu'un vain mot, témoins ceux qui se figurent Dieu sous une forme humaine, assis sur un trône dans le ciel. Je le repète, les hommes dont je parle voient réellement en Dieu l'Être infini, dont la pensée est infinie, dont les richesses sont infinies, et qui ne peut jamais épuiser ses trésors.

Lorsqu'il donne une «révélation» qui, au point de vue borné de l'homme, paraît embrasser la plénitude de la vérité, il n'a donné, en fin de compte, qu'un rayon isolé de sa splendide et intarissable lumière. Ainsi les hommes ont cru longtemps que cette terre que nous habitons était le *nec plus ultra* de la création ; qu'elle formait, à elle seule, le centre et la partie essentielle de l'univers. Quel étonnement quand ils apprirent qu'en-dehors de notre globe, il y a des mondes dont le volume dépasse le sien de plus du centuple ! Quelle stupéfaction, lorsqu'ils surent qu'au-delà de ces derniers, il y en a d'autres encore qui les dépassent eux-mêmes dans des proportions analogues.

Ces révélations dans l'ordre matériel leur ont ouvert les yeux sur l'ordre spirituel et moral. Ils ont compris que si Dieu nous donnait mille «révélations», l'une plus belle, plus riche, plus élevée que l'autre, il serait si loin de s'être épuisé, si loin même de s'être appauvri, qu'il pourrait nous en donner des milliers d'autres encore, toujours plus belles, toujours plus riches, toujours plus élevées ! — Il suit de là que, tout en respectant les «révélations» du passé, ils ne croient pas qu'elles soient le dernier mot du Dieu vivant et infini. Ils croient qu'il tient à notre disposition plus de lumière encore, plus de justice, plus de vérité; et ils considèrent comme un devoir sacré, non seulement de chercher pour eux-mêmes ce que Dieu leur offre, d'avancer dans la possession de cette lumière plus abondante, dans la conquête de cette justice supérieure, de cette vérité plus parfaite; mais encore de contribuer, dans la mesure de leurs forces, à ce que la société dont ils sont membres, l'Église à laquelle ils appartiennent, l'humanité tout entière progresse dans la même voie, et ne s'arrête point dans la poursuite de l'idéal, dans la recherche de l'absolue perfection.

Ces hommes-là, on peut les appeler à juste titre : *les hommes du progrès.*

Au point de vue des intérêts matériels, ces hommes ont tort. Il y a plus d'avantage à se ranger du côté des premiers, car le passé, c'est le connu, tandis que l'avenir où conduit le progrès, c'est l'inconnu. Or la foule préférera toujours le connu à l'inconnu; elle montrera toujours quelque défiance à l'égard de ceux qui ne suivent point le chemin large de la tradition. Pour le négociant en particulier, c'est-à-dire pour l'homme dont les intérêts matériels dépendent en grande partie de la faveur du public, il y a donc un danger sérieux à se ranger parmi les hommes du progrès. Et la tentation est là qui lui dit : «Suis la voie large, adore le passé, sois conservateur; ou bien, si ta raison, ta conscience, ton cœur te poussent vers le parti du progrès, ne le dis à personne, fais-en ton secret, et n'indispose pas imprudemment le public contre toi.»

Eh bien, disons-le hautement à la gloire de notre ami défunt, il n'a pas écouté ces perfides conseils. Non seulement il a suivi l'impulsion de son cœur, de sa conscience et de sa raison qui l'ont guidé dans la voie du progrès, mais il n'a pas craint de se faire connaître tel qu'il était, il n'a jamais caché ses convictions, ce qui dénotait chez lui un courage d'autant plus louable, une élévation de caractère d'autant plus digne d'être signalée, que c'était un homme d'un tempérament très-modéré, toujours disposé à la conciliation, et bien plus ami de la paix que de la guerre.

En jetant ainsi, membres affligés de la famille de notre cher défunt, en jetant ainsi un coup d'œil sur sa vie, relevez vos cœurs abattus, songez qu'il a dignement rempli sa mission, qu'il a fait, à trente-six ans, ce que bien d'autres n'ont pas fait encore à un âge plus avancé. Songez qu'il était mûr pour une meilleure vie, et détournez vos pensées de ce cercueil qui ne renferme que sa dépouille mortelle, son vêtement terrestre, pour les diriger vers ces sphères supérieures qu'habite son esprit immortel, et où le Dieu devant lequel il n'y a point de mort, lui a assigné une nouvelle mission.

Et vous, membres de cette assemblée qui êtes plus jeunes que lui, vous qui n'avez pas encore de passé, qui n'avez pas encore pris rang sur la grande scène où se débattent les intérêts éternels de l'humanité, ne restez pas insensibles au bel exemple que Charles Siegfried vous a donné. A votre tour, rangez-vous parmi les combattants, et prenez fait et cause pour les principes qui sont en lutte.

Ce n'est pas à moi, faible mortel, qu'il appartient de vous dire : Entrez dans tel camp plutôt que dans tel autre. Choisissez de préférence tel drapeau, et mettez à son service votre juvénile ardeur ! — Votre conscience seule est autorisée à vous dicter un pareil ordre et à vous guider dans un pareil choix. Mais ce que j'ai le droit de vous demander, c'est de ne pas vous laisser influencer, en prenant une décision définitive, par la voix de l'égoïsme, par la perspective d'un plus grand avantage matériel.

L'heure vient pour chacun de vous, où vous balancerez entre le passé et l'avenir, et où se présenteront, pour vous solliciter dans des directions contraires, les intérêts périssables et les intérêts immortels. Jésus aussi a eu cette heure-là, et quand le tentateur lui eût montré tous les royaumes de la terre et leur gloire, en ajoutant : «Je te les donnerai, si, te prosternant devant moi, tu m'adores,» — vous savez ce qu'il lui a répondu.

Donnez, jeunes amis, donnez à notre ville, donnez à notre patrie le spectacle d'une jeunesse qui a le cœur ouvert aux grandes pensées, aux sentiments généreux, qui sait préférer les choses divines, éternelles aux choses périssables de la terre ; qui met la justice et la vérité au-dessus de tous les autres biens.

Si j'ai détourné de ce cercueil les regards des parents, je voudrais y ramener les vôtres. Dites-vous bien que c'est là le terme de vos efforts, de quelque nature qu'ils soient. Libres serviteurs de votre conscience, ou vils esclaves de votre intérêt et de vos passions, là s'arrêteront vos nobles élans, comme aussi vos ambitions vulgaires et vos plaisirs. Je me trompe. Ces derniers seuls iront jusque là. Les autres vous accompagneront dans d'autres sphères, où vous entrerez, suivis du plus glorieux cortège : celui de vos bonnes pensées et de vos bonnes actions.

Il y a plus : sur cette terre même vous ne disparaîtrez pas tout entiers. Le souvenir de votre passage sera cher à ceux qui vous survivront, et bien qu'enlevés de ce monde, votre mémoire restera dans les cœurs, entourée de vénération et d'amour.

«C'est une bien belle chose,» me disait hier un enfant, témoin des regrets que causait partout la nouvelle de la mort de notre ami, «c'est une bien belle chose d'être ainsi regretté quand on meurt.» — «Oui, certainement,» lui ai-je dit, et permettez-moi, jeunes amis, de vous le répéter à vous, «oui, c'est une belle chose, mais rappelle-toi toujours, cher enfant, à quelle condition ces regrets s'obtiennent : C'est à la condition de ne pas seulement songer à soi-même, mais aussi de songer aux autres; de mettre le dévouement au-dessus de l'égoïsme, et de préférer le culte de la droiture et de la vérité à tous les avantages terrestres et à toutes les jouissances matérielles !»

# DISCOURS

PRONONCÉS SUR LA TOMBE.

## PAROLES

DE

### M. SCHNEEGANS,

VICE-DIRECTEUR DU GYMNASE PROTESTANT.

Messieurs,

En vous demandant la permission de dire quelques paroles d'adieu sur cette tombe, je ne remplis pas seulement un devoir de reconnaissance au nom du Gymnase, j'acquitte encore envers notre cher défunt une dette de cœur.

Je ne suis point venu ici pour faire son éloge; je ne puis m'empêcher de dire pourtant qu'il réunissait toutes les solides qualités qui constituent dans sa plus belle expression le caractère strasbourgeois : probité, indépendance, attachement aux principes, sympathie pour toutes les causes nobles et grandes. Ce dernier trait notamment, cette aptitude à saisir vite et d'instinct le côté généreux et élevé des questions, l'a mis en rapport avec notre école dans une occasion récente, lors de la belle fête dont le souvenir restera vivant parmi nous. Et si c'est à moi que revient la tâche à la fois douce et pénible de le remercier une dernière fois des services qu'il a rendus au Gymnase et de l'amour passionné qu'il lui portait, c'est que j'ai été le témoin assidu de son dévouement, de son infatigable activité, et, je l'ajoute, de l'enthousiasme qu'il a mis au service d'une cause qu'il regardait comme grande, belle et digne de tous les efforts.

Oui, cher Siegfried, dans l'intimité de nos travaux communs, au milieu des soucis et des joies qui ont accompagné les préparatifs de la fête d'inauguration du Gymnase, j'ai appris à t'estimer et à t'aimer. Tu es devenu pour moi alors et tu es resté depuis un ami qui dans des moments difficiles m'as aidé de tes conseils et soutenu de ta sympathie. Dieu t'a rappelé à lui du milieu de ta famille, et de tous ceux qui t'aimaient. Quelque vifs que soient nos regrets, quelque profonde que soit notre douleur, nous nous soumettons à ses décrets avec résignation ; car nous savons que tout ce qu'il fait est pour notre bien, et nous avons le ferme espoir qu'un jour viendra où nous serons réunis à jamais à toi, cher et excellent ami, et à tous les bien aimés que nous avons déjà déposés ici à tes côtés.

# PAROLES

DE

## M. LE PASTEUR BUHLMANN.

———

Messieurs,

Je désire vous remercier, au nom des deux familles, Siegfried et Ott, de votre concours si empressé et si sympathique. Nous y sommes bien sensibles.

De tous les coups, en effet, qui dans le court espace de temps de dix-huit mois, nous ont si douloureusement frappés, celui-ci est certainement le plus grand : je n'ai qu'à vous faire penser à la pauvre veuve avec ses trois jeunes orphelins, à ces infortunés parents qui, à l'âge où ils sont arrivés, se voient obligés d'accompagner à leur dernière demeure, ceux qui, à vues humaines, auraient dû leur fermer les yeux, à eux, et puis, pensez aussi à ce mouvement d'affaires assez considérables, dû à l'esprit spéculateur, au sens commercial, à la puissance d'initiative de notre bien aimé défunt ! — Dans cette situation il nous est doux de rencontrer le regard bienveillant d'un ami. Heureusement que Siegfried en avait beaucoup. C'est qu'il avait reçu de Dieu un caractère spontanément aimant ; il s'éprenait vite pour toutes les nobles causes dans quelque domaine qu'elles se déroulassent; il s'agitait même, peut-être parfois un peu trop, du moins à mon gré, surtout quand il s'agit de questions qui, pour qu'elles aient le droit de nous passionner à salut, demandent à être résolues avec beaucoup de calme, avec une grande maturité chrétienne, à la lueur du flambeau de l'expérience personnelle et pour dire toute ma pensée, dans un esprit de prière ; mais il y avait, dans tout ce qu'il embrassait, tant d'indépendance, tant d'enthousiasme, le mot vient d'être prononcé, tant de noble franchise qu'on ne pouvait s'empêcher d'admirer cette profusion de vie.

En affaires, vous savez mieux que moi ce que Dieu lui avait donné de sens juste, de coup d'œil pratique, en un mot d'aptitudes remarquables.

Dans son intérieur, il était naturellement bon, en sa qualité de fils, d'époux, de père et de frère, et s'il m'est permis de vous introduire dans l'intimité, je vous dirai, que je ne puis me rappeler, sans émotion, le regard de filiale piété qui brillait dans son œil, quand ses parents venaient à son chevet et qu'il se sentait lui, si jeune, réduit à la plus complète immobilité, tandis qu'eux, déjà avancés en âge, portaient seuls le poids des affaires.

Et à présent ?

A présent, il sort de ce cercueil pour nous une voix, qui nous dit : les jeunes gens se lassent et se travaillent ; les jeunes gens d'élite tombent lourdement (Esaïe 40, 30); mais il descend en même temps d'En-haut une parole qui couvre cette voix, car elle annonce que ceux qui s'attendent à l'Éternel reprennent de nouvelles forces (v. 31) : Oui, celui qui s'attend fidèlement à Dieu sera vainqueur, même en présence de la défaite la plus apparente, même devant la mort, car rien ne peut le séparer de l'amour que Dieu lui a témoigné en Jésus-Christ. Jésus est la résurrection et la vie, celui qui croit en Lui vivra, quand même il serait mort et celui qui vit et croit en Lui, ne mourra jamais (Jean 11, 25 et 26).

Telle est mon inébranlable conviction. Aussi, fort de cette conviction, je quitte cette fosse en disant non pas adieu, cher Charles, mais au revoir dans la bienheureuse éternité où la mort ne sera plus, ni la séparation, ni le deuil !

# PAROLES

DE

## M. LE PASTEUR LEBLOIS.

---

Mes frères,

Les circonstances exceptionnelles qui ont amené la mort de notre ami regretté ; les liens d'une nature toute spéciale qui m'attachaient à lui — je le considérais comme un collègue dans le saint-ministère, car il était lui aussi pasteur dans la grande église de Dieu, — ces raisons m'autorisent à déroger aux habitudes ordinairement en usage dans ces tristes cérémonies.

Aussi bien, à la vue de ce cercueil, je ne puis écarter de mon esprit un souvenir tout personnel, qui se présente en ce moment dans toute sa force.

Il y a seize ans, la même famille, frappée aujourd'hui d'un coup si douloureux et si inattendu, l'était d'un coup plus inattendu et non moins douloureux : la mort du jeune Hartmann [1] qui allait devenir un de ses membres. Hartmann avait été pour moi un ami de cœur et d'étude. Nous avions formé une société de jeunes gens, où nous débat-

---

[1] Charles Hartmann se noya, en se baignant dans l'Ill, le 4 juin 1849.

tions les plus grandes questions religieuses. Mais nous vivions encore dans l'inexpérience de la jeunesse, partageant les illusions du monde, mettant sur la même ligne, dans nos rêves dorés, les choses passagères et les choses éternelles.

Soudain, comme un coup de foudre, éclate la nouvelle de sa mort prématurée. La veille, j'étais monté pour la première fois en chaire, et j'avais vu mon ami plein de vie, d'espérance et d'avenir parmi mes auditeurs. En revoyant son visage, inanimé cette fois, mais rayonnant encore de sa sérénité habituelle, comme si la mort n'avait pas eu le temps d'y mettre sa sinistre empreinte, je sentis un effet indescriptible se produire sur mon cœur. Je reconnus alors réellement la vanité des choses de ce monde. Je vis de mes yeux, je touchai de mes doigts l'inconstance et la fragilité des biens que poursuit l'ambition humaine.

Cette mort fut pour moi une occasion de conversion, si l'on peut appeler *conversion* l'élan d'une âme qui s'élève par-delà les objets et les êtres visibles, pour atteindre aux lumineuses régions où brillent, dans une splendeur éternelle, la justice et la vérité.

Je compris, d'une manière en quelque sorte sensible et palpable, la beauté, la valeur indestructible de ces divins trésors, et je résolus de m'y attacher sans arrière-pensée, de leur vouer une affection si sincère et si complète, que nulle influence matérielle ne fût capable de la troubler ou de l'amoindrir. Près de la tombe ouverte de mon ami, serrant la main de son vieux père, je lui dis : «Consolez-vous, père Hartmann, la mort de votre fils ne sera point inutile pour la cause de la vérité!» Et cette parole me parut ranimer son cœur.

Pourquoi rappelé-je ce souvenir? Vous l'avouerai-je, chers frères? C'est parce que j'ose croire que parmi ces jeunes gens, qu'un même sentiment de sympathie et de regret, rassemble autour de cette tombe, il s'en trouvera un qui, lui aussi, verra comme à l'œil, dans cette mort prématurée, le néant de nos aspirations et de nos espérances purement terrestres, et tout ensemble la persistance indestructible des trésors divins, des biens réels qui enrichissent l'âme pour la vie présente et pour l'éternité; il s'en trouvera un qui, instruit par ce spectacle saisissant, vouera son cœur, ses pensées et sa vie au service des choses de Dieu.

Oui, jeunes amis, causez cette joie au vénérable père de notre défunt. Son cruel sacrifice lui paraîtra moins douloureux, s'il en voit sortir un si heureux résultat.

Ne dites pas : Nous pouvons attendre encore. Nous aurons plus tard le temps de nous occuper de ces choses. Qui vous autorise à tenir ce langage? Serait-ce cette tombe ouverte? Serait-ce celle du jeune Albert Ott que vous voyez à trois pas d'ici? Serait-ce celle du jeune Oscar Hildebrand, que j'aperçois un peu plus loin, de cet autre côté?

Qui vous assure que demain vous serez encore ?

Courage donc! Réveillez-vous, et décidez-vous. Prenez rang sur la grande scène où il faut lutter sous un drapeau ou sous un autre, où il faut être bouillant ou froid — car la tiédeur seule est défendue [1].

1 Comp. Apocalypse III, 15. 16.

Oui, courage, amis ! Et que le Dieu tout-puissant qui est fort dans les faibles, inspire vos cœurs, éclaire vos consciences et soutienne vos forces, pour combattre jusqu'à la fin le bon combat !